Mijn tweetalige prentenboek

Моя двуязычная книжка с картинками

Sefa's mooiste kinderverhalen in één bundel

Ulrich Renz • Barbara Brinkmann:

Slaap lekker, kleine wolf · Приятных снов, маленький волчонок

Voor kinderen vanaf 2 jaar en ouder

Cornelia Haas • Ulrich Renz:

Mijn allermooiste droom · Мой самый прекрасный сон

Voor kinderen vanaf 2 jaar en ouder

Ulrich Renz • Marc Robitzky:

De wilde zwanen · Дикие лебеди

Een sprookje naar Hans Christian Andersen

Voor kinderen vanaf 5 jaar en ouder

© 2024 by Sefa Verlag Kirsten Bödeker, Lübeck, Germany. www.sefa-verlag.de

Special thanks to Paul Bödeker, Freiburg, Germany

All rights reserved.

ISBN: 9783756304189

Lezen · Luisteren · Begrijpen

Slaap lekker, kleine wolf

Приятных снов, маленький волчонок

Ulrich Renz / Barbara Brinkmann

Nederlands   tweetalig   Russisch

Vertaling:

Jonathan van den Berg (Nederlands)

Svetlana Hordiyenko (Russisch)

Luisterboek en video:

www.sefa-bilingual.com/bonus

Gratis toegang met het wachtwoord:

Nederlands: **LWNL2321**

Russisch: **LWRU2730**

Goedenacht, Tim! We zoeken morgen verder.
Voor nu slaap lekker!

Спокойной ночи, Тим! Мы поищем завтра.
А сейчас приятных снов!

Buiten is het al donker.

На улице уже темно.

Wat doet Tim daar?

Что Тим там делает?

Hij gaat naar de speeltuin.

Wat zoekt hij daar?

Он идёт на улицу к игровой площадке.

Что он там ищет?

De kleine wolf!

Zonder hem kan hij niet slapen.

Маленького волчонка!

Без него он не может уснуть.

Wie komt daar aan?

Кто там идёт?

Marie! Ze zoekt haar bal.

Мария! Она ищет свой мяч.

En wat zoekt Tobi?

А что ищет Тоби?

Zijn graafmachine.

Свой экскаватор.

En wat zoekt Nala?

А что ищет Нала?

Haar pop.

Свою куклу.

Moeten de kinderen niet naar bed?
De kat is erg verwonderd.

Не порá ли детям в постель?
Очень удивилась кошка.

Wie komt er nu aan?

А кто это идёт?

De mama en papa van Tim!
Zonder hun Tim kunnen zij niet slapen.

Мама и папа Тима!
Без Тима они не могут уснуть.

En er komen nog meer! De papa van Marie.
De opa van Tobi. En de mama van Nala.

Вот ещё подходят! Папа Марии.
Дедушка Тоби. И мама Налы.

Nu snel naar bed!

А сейчас быстро в постель!

Goedenacht, Tim!
Morgen hoeven we niet meer te zoeken.

Спокойной ночи, Тим!
Утром нам не надо ничего искать.

Slaap lekker, kleine wolf!

Приятных снов, маленький волчонок!

Cornelia Haas • Ulrich Renz

Mijn allermooiste droom
Мой самый прекрасный сон

Vertaling:

Gino Morillo Morales (Nederlands)

Oleg Deev, Valeria Baden (Russisch)

Luisterboek en video:

www.sefa-bilingual.com/bonus

Gratis toegang met het wachtwoord:

Nederlands: **BDNL2321**

Russisch: **BDRU2730**

Mijn allermooiste droom
Мой самый прекрасный сон

Cornelia Haas · Ulrich Renz

Nederlands   tweetalig   Russisch

Lulu kan niet slapen. Alle anderen zijn al aan het dromen – de haai, de olifant, de kleine muis, de draak, de kangoeroe, de ridder, de aap, de piloot. En het leeuwenwelpje. Zelfs de beer heeft moeite om zijn ogen open te houden ...

Hé beer, neem je me mee in je dromen?

Лулу не спится. Все остальные уже видят сны – акула, слон, маленькая мышка, дракон, кенгуру, рыцарь, обезьяна, пилот. И львёнок. Даже у медвежонка закрываются глаза ...

Эй, Мишка, возьмёшь меня в свой сон?

En zo bevindt Lulu zich in berendromenland. De beer is vissen aan het vangen in Meer Tagayumi. En Lulu vraagt zich af: wie woont daarboven in de bomen?

Wanneer de droom voorbij is, wil Lulu nog meer beleven. Kom mee, laten we de haai bezoeken! Wat zou hij nu dromen?

И вот Лулу в стране сновидений медведя. Мишка ловит рыбу в озере Тагаюми. И Лулу спрашивает себя, кто бы мог жить сверху на деревьях?

Сон закончился, но Лулу хочет больше приключений. Давай навестим акулу! Что ей снится?

De haai speelt tikkertje met de vissen. Eindelijk heeft ook hij vrienden! Niemand is bang voor zijn scherpe tanden.

Wanneer de droom voorbij is, wil Lulu nog meer beleven. Kom mee, laten we de olifant bezoeken! Wat zou hij nu dromen?

Акула играет в салки с рыбами. Наконец-то у неё есть друзья! Никто не боится её острых зубов.

Сон закончился, но Лулу хочет больше приключений. Давай навестим слона! Что ему снится?

De olifant is zo licht als een veertje en kan vliegen! Hij staat op het punt om te landen in de hemelse weide.

Wanneer de droom voorbij is, wil Lulu nog meer beleven. Kom mee, laten we de kleine muis bezoeken! Wat zou zij nu dromen?

Слон – лёгкий, как пёрышко, и может летать! Вот он приземляется на небесную лужайку.

Сон закончился, но Лулу хочет больше приключений. Давай навестим маленькую мышку! Что ей снится?

De kleine muis is naar de kermis aan het kijken. De achtbaan vindt ze het leukste.
Wanneer de droom voorbij is, wil Lulu nog meer beleven. Kom mee, laten we de draak bezoeken! Wat zou hij nu dromen?

Маленькая мышка наблюдает за ярмаркой. Больше всего ей нравятся американские горки.

Сон закончился, но Лулу хочет больше приключений. Давай навестим дракона! Что ему снится?

De draak heeft dorst van al het vuurspugen. Hij zou graag het hele limonademeer leegdrinken.
Wanneer de droom voorbij is, wil Lulu nog meer beleven. Kom mee, laten we de kangoeroe bezoeken! Wat zou zij nu dromen?

Дракон долго плевался огнём, и теперь очень хочет пить. Он готов выпить целое озеро лимонада.

Сон закончился, но Лулу хочет больше приключений. Давай навестим кенгуру! Что ему снится?

De kangoeroe springt door de snoepfabriek en vult haar buidel. Nog meer gummibeertjes! En drop! En chocolade!
Wanneer de droom voorbij is, wil Lulu nog meer beleven. Kom mee, laten we de ridder bezoeken! Wat zou hij nu dromen?

Кенгуру прыгает по кондитерской фабрике и набивает себе полную сумку. Ещё больше синих сладостей! И ещё леденцов! И шоколада! Сон закончился, но Лулу хочет больше приключений. Давай навестим рыцаря! Что ему снится?

De ridder is bezig met een taartgevecht met de prinses van zijn dromen.
Oeps! De slagroomtaart gaat ernaast!
Wanneer de droom voorbij is, wil Lulu nog meer beleven. Kom mee, laten we de aap bezoeken! Wat zou hij nu dromen?

Рыцарь устраивает метание торта друг в друга с принцессой своей мечты. Ой! Сливочный торт пролетает мимо!

Сон закончился, но Лулу хочет больше приключений. Давай навестим обезьяну! Что ей снится?

Eindelijk is er sneeuw gevallen in Apenland. De hele groep apen is door het dolle heen. Het is een echte apenkooi.
Wanneer de droom voorbij is, wil Lulu nog meer beleven. Kom mee, laten we de piloot bezoeken! Wat zou hij nu dromen?

Наконец-то в стране обезьян пошёл снег! Вся обезьянья орава была вне себя и устроила балаган.

Сон закончился, но Лулу хочет больше приключений. Давай навестим пилота! В каком сне он находится?

De piloot vliegt verder en verder. Naar het einde van de wereld en nog verder, helemaal tot aan de sterren. Geen andere piloot heeft dat ooit gedaan. Wanneer de droom voorbij is, is iedereen al heel moe en willen ze niet meer zo veel beleven. Maar toch willen ze het leeuwenwelpje nog bezoeken. Wat zou zij nu dromen?

Пилот летит и летит. До края земли и ещё дальше к звёздам. Это не удавалось ни одному другому пилоту.

Когда сон закончился, все уже очень устали и больше не хотят ничего.

Но львёнка захотели они всё же навестить. Что ему снится?

Het leeuwenwelpje heeft heimwee en wil terug naar haar warme, knusse bed.
Dat willen de anderen ook.

En daar begint ...

Львёнок тоскует по дому и хочет обратно в свою тёплую и уютную постель.
И остальные тоже.

И тогда начинается ...

... Lulu's allermooiste droom.

... самый прекрасный сон Лулу.

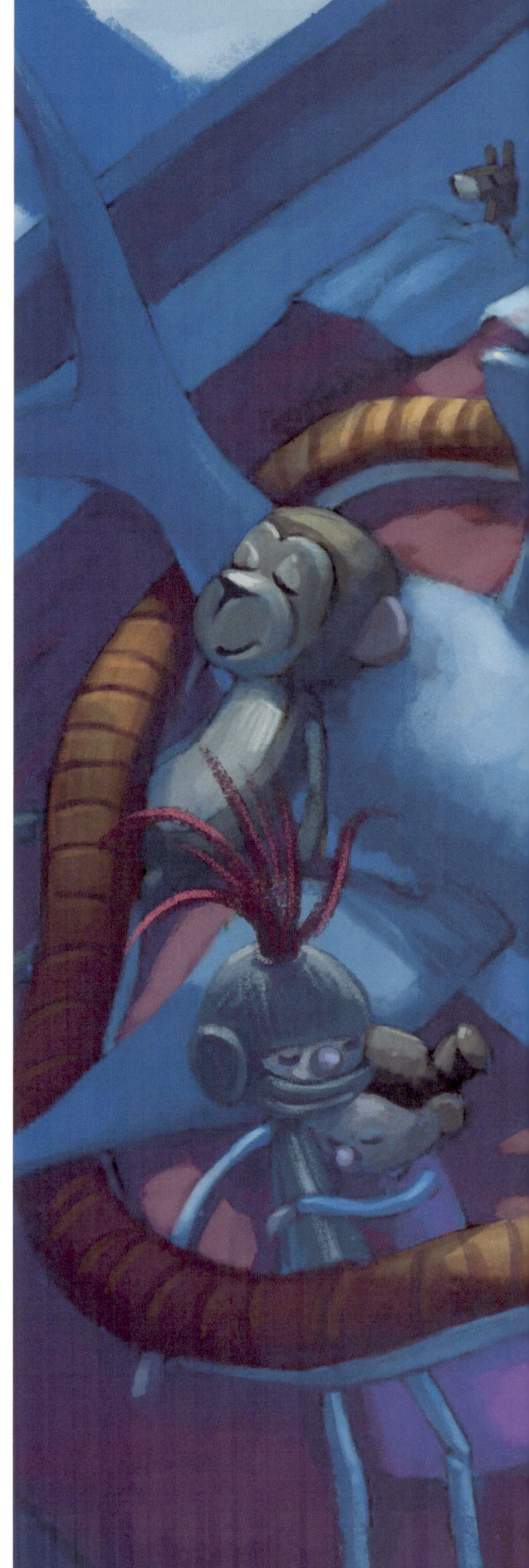

Ulrich Renz • Marc Robitzky

De wilde zwanen

Дикие лебеди

Vertaling:

Christa Kleimaker (Nederlands)

Oleg Deev (Russisch)

Luisterboek en video:

www.sefa-bilingual.com/bonus

Gratis toegang met het wachtwoord:

Nederlands: **WSNL2121**

Russisch: **WSRU2730**

Ulrich Renz · Marc Robitzky

De wilde zwanen

Дикие лебеди

Een sprookje naar

Hans Christian Andersen

Nederlands · tweetalig · Russisch

Er waren eens twaalf koningskinderen – elf broers en een grote zus, Elisa. Ze leefden gelukkig in een prachtig kasteel.

Жили-были двенадцать детей короля: одиннадцать братьев и старшая сестра, Элиза. Они жили счастливо в прекрасном замке.

Op een dag stierf hun moeder en een poosje later trouwde de koning opnieuw. Maar de nieuwe vrouw was een boze heks. Ze toverde de elf prinsjes om in zwanen en stuurde ze naar een vreemd land heel ver weg, aan de andere kant van het grote bos.

Однажды их мать умерла, и через некоторое время король женился снова. Но новая жена была злой ведьмой. Она заколдовала одиннадцать принцев в лебедей и отправила их в далекую страну, за широкие леса.

Ze kleedde het meisje in vodden en smeerde haar een zalfje op het gezicht dat haar zo lelijk maakte dat zelfs haar eigen vader haar niet meer herkende en haar uit het kasteel verjaagde. Elisa rende het donkere bos in.

А Элизу она одела в лохмотья и втёрла ей в лицо отвратительную мазь, так что даже собственный отец не узнал её и прогнал из замка. Элиза ушла в тёмный лес.

Nu was ze helemaal alleen, en verlangde in het diepst van haar ziel naar haar verdwenen broers. Toen de avond viel maakte ze onder de bomen een bed van mos.

Теперь она была совсем одинока, и всей душой тосковала по пропавшим братьям. Когда пришёл вечер, она приготовила себе постель из мха под деревьями.

De volgende ochtend kwam ze bij een stille vijver en schrok ze toen ze daarin haar eigen spiegelbeeld zag. Maar nadat ze zich had gewassen, was ze het mooiste koningskind onder de zon.

На следующее утро она подошла к тихому озеру. Увидев своё отражение, она ужаснулась. Но когда она искупалась, стала самой красивой принцессой на свете.

Na vele dagen bereikte Elisa de grote zee. Op de golven schommelden elf zwanenveren.

Через много дней она пришла к большому морю. На волнах качались одиннадцать лебединых перьев.

Toen de zon onderging, ruisde er iets in de lucht en elf wilde zwanen landden op het water. Onmiddellijk herkende Elisa haar elf betoverde broers. Maar omdat ze de zwanentaal spraken, kon zij hen niet verstaan.

Когда солнце садилось, в воздухе поднялся шум, и одиннадцать диких лебедей сели на воду. Элиза сразу узнала своих заколдованных братьев. Но так как они говорили на лебедином языке, Элиза не могла понять их.

Overdag vlogen de zwanen weg, maar 's nachts vlijden de broers en zus zich in een grot tegen elkaar aan.

In een nacht had Elisa een vreemde droom: Haar moeder vertelde haar hoe ze haar broers kon bevrijdden. Ze moest voor iedere zwaan een hemdje van brandnetels breien en het dan over hem heen werpen. Tot die tijd mocht ze geen woord spreken, want anders zouden de broers sterven.
Elisa ging gelijk aan het werk. Hoewel haar handen brandden als vuur, breide ze onvermoeid door.

Днём лебеди улетали, а ночевали вместе с Элизой в пещере, прильнув друг к другу.

Однажды ночью Элиза увидела удивительный сон: их мать рассказала ей, как она может спасти братьев. Она должна для каждого лебедя связать рубашку из крапивы и накинуть её на него. Но до того она должна не говорить ни слова, иначе её братья умрут.
Элиза тут же принялась за работу. Хотя её руки горели, как обожженные, она вязала без устали.

Op een dag klonken er in de verte jachthoorns. Een prins met zijn gevolg kwam aangereden en stond al snel voor haar. Toen ze elkaar in de ogen keken, werden ze verliefd.

Однажды вдали послышались звуки охотничих рогов. Подскакали принц со свитой и остановились перед ней. Когда принц и Эльза посмотрели в глаза друг другу, то сразу влюбились.

De prins tilde Elisa op zijn paard en reed met haar naar zijn kasteel.

Принц поднял Элизу на своего коня и поскакал с ней в замок.

De machtige schatbewaarder was over de aankomst van het stomme meisje helemaal niet blij. Zijn eigen dochter zou de bruid van de prins moeten worden.

Могущественный казначей был совсем не обрадован появлением немой красавицы. Невестой принца должна была стать его собственная дочь.

Elisa was haar broers niet vergeten. Iedere avond werkte ze verder aan de hemdjes. Op een nacht sloop ze naar het kerkhof om verse brandnetels te plukken. Daarbij had de schatbewaarder haar in het geheim gade geslagen.

Элиза не забыла своих братьев. Каждый вечер она работала над рубашками. Однажды ночью она пошла на кладбище набрать крапивы. Казначей тайно наблюдал за ней.

Zodra de prins op jacht was, liet de schatbewaarder Elisa in de kerker gooien. Hij beweerde dat zij een heks was die 's nachts andere heksen ontmoette.

Пока принц был на охоте, казначей бросил Элизу в темницу. Он заявил, что она ведьма, которая ночами встречается с другими ведьмами.

Bij het aanbreken van de dag werd Elisa door de bewakers opgehaald. Ze zou op de markt worden verbrand.

На рассвете стража схватила Элизу. Её должны были сжечь на рыночной площади.

Nauwelijks waren ze daar aangekomen toen plotseling elf witte zwanen aangevlogen kwamen. Snel gooide Elisa iedere zwaan een brandnetel-hemdje over. Al gauw stonden al haar broers als mensen voor haar. Alleen de kleinste, wiens hemdje nog niet helemaal klaar was, had nog een vleugel in plaats van een arm.

Едва она там оказалась, как вдруг прилетели одиннадцать белых лебедей. Элиза быстро набросила на каждого рубашку из крапивы, и все её братья предстали в человеческом обличье. Только у младшего, чья рубашка была не до конца готова, вместо одной руки было крыло.

Het omhelzen en kussen van de broers en zus was nog niet afgelopen toen de prins terugkeerde. Eindelijk kon Elisa hem alles uitleggen. De prins liet de boze schatbewaarder in de kerker gooien. En daarna werd er zeven dagen lang bruiloft gevierd.

En ze leefden nog lang en gelukkig.

Братья и сестра ещё обнимались и целовались, когда вернулся принц. Наконец Элиза смогла всё объяснить. Принц бросил злого казначея в темницу. И потом семь дней праздновали свадьбу.

И жили они долго и счастливо.

Hans Christian Andersen

Hans Christian Andersen werd 1805 in de Deense stad Odense geboren en overleed in 1875 te Kopenhagen. Door de sprookjes zoals "De kleine zeemeermin", "De nieuwe kleren van de keizer" of "Het lelijke eendje" werd hij wereldberoemd. Dit sprookje, "De wilde zwanen", werd voor het eerst in 1838 gepubliceerd. Het werd sindsdien in meer dan honderd talen vertaald en in vele versies o.a. ook voor het theater, film en musical bewerkt.

Barbara Brinkmann werd geboren in 1969 in München (Duitsland). Ze studeerde architectuur in München en is momenteel werkzaam bij de faculteit Bouwkunde van de Technische Universiteit van München. Ze werkt ook als grafisch ontwerper, illustrator en auteur.

Cornelia Haas werd geboren in 1972 in Ichenhausen bij Augsburg (Duitsland). Ze studeerde design aan de Hogeschool van Münster, waar ze als ontwerpster afstudeerde. Sinds 2001 illustreert ze boeken voor kinderen en jongeren en sinds 2013 doceert ze acryl- en digitale schilderkunst aan de Hogeschool Münster.

Marc Robitzky, geboren in 1973, studeerde aan de technische kunstschool in Hamburg en de Academie voor Beeldende Kunsten in Frankfurt. Hij werkte als zelfstandig illustrator en communicatie designer in Aschaffenburg (Duitsland).

Ulrich Renz werd geboren in 1960 in Stuttgart (Duitsland). Hij studeerde Franse literatuur in Parijs en geneeskunde in Lübeck, waarna hij als directeur van een wetenschappelijke uitgeverij werkte. Vandaag de dag is Renz freelance auteur en schrijft hij naast non-fictie ook boeken voor kinderen en jongeren.

Hou je van tekenen?

Hier vindt je alle illustraties van het verhaal om in te kleuren:

www.sefa-bilingual.com/coloring

www.ingramcontent.com/pod-product-compliance
Lightning Source LLC
LaVergne TN
LVHW070443080526
838202LV00035B/2712